Geometrias de Cosmos

Rodrigo Suzuki Cintra

Geometrias de Cosmos

Ateliê Editorial

Copyright © 2019 Rodrigo Suzuki Cintra

Direitos reservados e protegidos pela Lei 9.610 de 19.02.98.
É proibida a reprodução total ou parcial sem autorização, por escrito, da editora.

Dados Internacionais de Catalogação na Publicação (CIP)
(Câmara Brasileira do Livro, SP, Brasil)

Cintra, Rodrigo Suzuki
Geometrias de Cosmos / Rodrigo Suzuki Cintra. – Cotia, SP: Ateliê Editorial, 2019.

ISBN 978-85-7480-828-4

1. Poesia brasileira   I. Título.

19-26543   CDD-B869.1

Índices para catálogo sistemático:
1. Poesia: Literatura brasileira   B869.1

Iolanda Rodrigues Biode – Bibliotecária – CRB-8/10014

Direitos reservados à
ATELIÊ EDITORIAL
Estrada da Aldeia de Carapicuíba, 897
06709-300 – Granja Viana – Cotia – SP
Tels.: (11) 4702-5915
www.atelie.com.br | contato@atelie.com.br
facebook.com/atelieeditorial | blog.atelie.com.br

Impresso no Brasil 2019
Foi feito depósito legal

Newton, William Blake

Existe um tempo e um espaço para percorrer o cosmos.
Toda poética é feita de palavras, as geometrias são invisíveis.
Como eu.

*Com amor e muito carinho, para minha filhota Allegra.
No dia em que resolver
crescer
um pouquinho e, depois,
nas noites em que quiser*
★
★
★

diminuir.

Receba este beijo em tua fronte!
Partirei rumo a um novo horizonte,
Mas confesso: olhos nos olhos defronte —
Não erra quem proclama que disponho
Os meus dias como se fossem um sonho;
Se a esperança não tem mais serventia,
Seja de noite ou mesmo de dia,
Uma visão real ou talvez nenhuma,
Será que tudo não passa de bruma?
Tudo que vejo, sou ou suponho
É apenas um sonho dentro de um sonho.

E. A. Poe

SÚMARIO

O Tempo desses Poemas 19
O Espaço desses Poemas. 25

GEOMETRIAS DE COSMOS

Geometrias de Cosmos 31
ainda assim 33
E-mail. 35
Explicação (Geométrica) da Tragédia. 37
Assemblage N. 0. 39
Num Piscar de Olhos. 41
A Música do Cosmos 47
Poemática 51
Um Rastro no Céu 53
Vida 55
Antes do Sol – Lua de Ainda. 57
Na Festa 59
Réquiem para um Poeta Vivo 61
Estilingadas de Cosmos. 67

SHAKESPEARIANA

Cleópatra 71

Iago/Otelo	73
Um Brinde para Falstaff	77
Hamlet	79
Rosalina	81
Shylock, o Judeu	83

POEMAS DE QUASE (EU ERA UM SÉCULO QUE PASSOU)

Porque É Preciso Dar um Tempo – Com o Real	87
O Delírio de Renatus Cartesius	89
O Sistema dos Objetos	91
Palimptexto	93
Morte e Vida... (Por um Triz)	95
Inominavelmente	97
Maresia	101
Mais o Menos	103
(Mais) ou (Menos)	105
"Poema do Cogito"	107

AS MULHERES INVISÍVEIS

...Mesmo que Ligeiramente...	111
O Nome das Mulheres	113
Entre Rendas de Possibilidades	115
A Garota dos Espaços Infinitos	121
[Mel] [Eu] [Carol]	123
Aquela Mulher	125
Karina	127
"Ludmilla"	129

Amanda.................................... 131
A Garota Invisível.......................... 133
Letícia..................................... 135
Bilhete (Junto da Fita Cassete) 137
Renata 139
Sobre os Nomes de Borboletas Mortas 141

Sobre o Autor 145

O TEMPO DESSES POEMAS
UM MÉTODO DE COMPOSIÇÃO EXIGE UM MÉTODO DE LEITURA

Talvez, para uma verdadeira temporalidade da nossa própria história, devemos distinguir os acontecimentos dos olhos abertos daqueles dos olhos fechados. Se existe um mundo de tempo desperto deve existir um mundo de tempo sonhado.

Supondo que vivemos um terço de nossas vidas em sono e reconhecemos que isso não implica nenhum desperdício, devemos igualmente considerar aceitável que em certo momento da vida um homem possa olhar para trás e reconstruir uma história dos acontecimentos sonhados com o mesmo direito que estabelece para si uma história dos episódios em que se encontrava desperto. Mas claro que um tempo assim é algo muito diferente. É preciso, nesse caso, separar toda nossa vida em duas narrativas distintas: na primeira, a mais oficial, encontraríamos a sequência de nossa história de vigília, na outra, paralela e misteriosa, as fabulações de uma história absolutamente fantástica. Que o tempo não siga a mesma lógica durante o sono que segue enquanto estamos acordados não é novidade para ninguém, pois sabemos, por experiência, como é comum que após um longo período de sono alguém que se veja desperto reclame que dormiu pouco e que as horas pareceram minutos; ou que após milhares de fantasias sonhadas, em que se viaja para muitos lugares, conversa com inúmeras pessoas, se vive as mais calorosas aventuras, se compõem os versos mais precisos, alguém se espante que tantos acontecimentos tenham se dado em um breve cochilo.

Pode ser que isso signifique que o tempo de nossa vida desperta possa ser contado em segundos, minutos e horas, enquanto que o tempo próprio de nossa vida sonhada desorganize plenamente essas convenções de contagem. Além do mais, as conexões temporais que se estabelecem nos momentos em que estamos dormindo e, se for o caso, sonhando, são muito mais atrevidas que aquelas que se formam entre as ocasiões de vigília. Não é, propriamente, que sejam acidentais e nem fortuitas, é bom que se diga, mas sim que operam com base em uma coerência inusitada e mais fabulosa. A relação temporal interna dos sonhos dos homens é louca, sem ser propriamente, insana; é assistemática, mas não sem método por completo, é irreverente, porém tem lá uma ou outra regra.

O tempo do sonho é algo de fumaça.

Ele recobre o horizonte, mas não o faz completamente. Volteia sob si mesmo, e está entre o que se pode ver por trás de sua consistência de um quase vapor e as suas próprias ocasiões de fuligem que dão o tom da nebulosidade. E, sem maiores avisos, ele nos prega peças ao mudar caprichosamente de forma, duração e intensidade.

A forma do sonho é algo de nuvem.

Também poderia se dizer que a fumaça do sonho é algo de tempo, ou que a nuvem do sonho é algo de forma, se quiséssemos ser bem mais precisos sobre as possibilidades oníricas, mas isso seria um pensamento muito próprio a quem está bem acordado em uma noite de labor sem sono; digamos, um geômetra com muito trabalho atrasado, não é bem o que um sonhador, enquanto estivesse dormindo, pensaria sobre o seu próprio sonho. E como o caso aqui, como veremos, é mais o de convidar a fechar os olhos do que os abrir completamente, talvez valha a pena refletir sobre o valor dos homens que sonham aquelas ilusões mais soltas, digamos, assim, os poetas, ao invés de perder tempo com os raciocínios ordenados que emanam dos homens que parecem sempre estar de olhos abertos.

A verdade é que o tempo do poema, nessas *Geometrias de Cosmos*, é o tempo de um sonho hipotético, o momento exato em que a nuvem tem uma forma que sugere, de repente, outra forma, naquelas simetrias de nebulosa.

Se costumamos dar glórias àqueles homens de feitos fora do comum de nossa realidade desperta, os cobrimos de medalhas, contamos suas histórias em nossos livros de história; enchemos o mundo todo de uma esperança que depositamos em seus atos formidáveis, às vezes, vergonhosamente, nos esquecemos dos homens extraordinários em sonho, mestres das façanhas possíveis e também das impossíveis, a quem a ditadura de um mundo desperto que pretende preencher todo o real sempre acaba por ofuscar o brilho fulminante que emana de suas ações maravilhosas, executadas obviamente em regime de sonho, de verso. Todo homem que se permite sonhar é poeta. Pois, inquestionavelmente, poetas não cabem nas medições autoritárias de um mundo insone, e, desafiando todas as leis da física, ao mesmo tempo em que forjam uma temporalidade malcriada, expandem todas as alternativas imediatamente verificáveis e nos tornam propriamente mais humanos não por possuir uma essência mais profunda do que somos, um segredo qualquer, mas por meramente insinuar sermos outras possibilidades de nós mesmos. Mas, frequentemente, quando os homens acordam para o café da manhã se esquecem de seus sonhos: perdem de vista as maravilhosas metáforas que estão inscritas no profundo dos mistérios.

É preciso levar o sonho a sério.

Anuncio que vivendo meio que entre dois mundos, de madrugada, sempre de madrugada, quando estou mais próximo da escuridão de meus abismos e mais apaixonado do que os loucos, um poema qualquer dessas *Geometrias de Cosmos*, pode surgir por vezes antes do raiar de um dia, olhando para as constelações e enxergando nitidamente a garota com flores nos cabelos que dança o século em uma fresta de luar.

As estrelas podem anunciar novas e também as antigas sensações.

Certa vez, andando pelas ruas da metrópole, naquela hora precisa em que tudo evapora, segredei aos ouvidos de uma prostituta um pouco de meus abismos e amores.

Ela solucionou todo problema com uma lenda, tradição mítica da noite, que começava assim:

Era uma vez um homem invisível que vivia entre dois mundos – o do amor e o da morte. Por não se decidir ao certo a qual desses mundos pertencia, tinha uma mania crepuscular: só conseguia sonhar se estivesse acordado, só estava acordado quando estava sonhando... Parece que os sábios dos dois mundos, inimigos que nunca concordavam, nesse único caso, proferiram sentenças iguais: – era por isso, sem dúvida, que ele era invisível.

De modo que fica demonstrado, pela sabedoria da noite, que ler os poemas que surgiram nas madrugadas de minhas *Geometrias de Cosmos* é tarefa que exige um procedimento particular – fechar, às vezes, ligeiramente os olhos –, sentir antes mesmo de entender, como o homem que olha confiante para as galáxias em busca das perplexidades, pois versos sonhados por um homem invisível jamais poderão ter qualquer significado se estivermos plenamente acordados.

No invisível das palavras, quando o lado detrás das letras sugere o sentido que o verso segredou, no compasso da escuridão que dá forma à luz, em algum lugar entre sombras de estrelas passageiras e o brilho eterno daquele sentimento, é o tempo da delicadeza: fundo a minha poética.

O ESPAÇO DESSES POEMAS
SE EXISTEM HIPÓTESES GEOMÉTRICAS DEVEM EXISTIR GEOMETRIAS HIPOTÉTICAS

Também é verdade que o homem invisível é um geômetra.

É preciso estar no palco, no centro equidistante das atenções, para efetivamente não ser notado.

Pois a invisibilidade não é realmente um atributo de objetos não visíveis. É apenas aquele espaço entre os olhares em que nada foi ainda redimensionado.

Digamos: para descobrir o ângulo exato em que duas retas não paralelas se encontram, às vezes, é preciso prolongá-las (se é que as retas paralelas não se encontram...). As retas são feitas de pontos. Entre dois pontos, sempre cabe mais um: é um infinito.

Que maravilhosa imaginação aquela que prolonga as retas de um poema e descobre um ângulo preciso em outro poema.

No espaço entre dois versos, ainda que não sucessivos, cabe sempre mais um. E uma rima pode fugir da estrofe e fazer um voo arqui-hipotético e vir parar do lado de fora da métrica.

Geometrias hipotéticas são uma estética do que poderia ser, do quase, do talvez por dentro do nunca. Não coordenam o mundo do real, mas bem podem ser a arquitetura das possibilidades.

O cosmos é tudo que for o caso.

Certa vez, andando pelas ruas da metrópole, naquela hora precisa em que tudo evapora, segredei aos ouvidos de um mendigo um pouco de meus abismos e amores.

Ele solucionou o problema com uma lenda, tradição mítica da noite, que começava assim:

Era uma vez um homem invisível que vivia entre dois mundos – o do amor e o da morte. Por não se decidir ao certo a qual desses mundos pertencia, tinha uma mania crepuscular: só conseguia sonhar se estivesse acordado, só estava acordado quando estava sonhando...

Acendi um cigarro e perguntei para ele: *Mas e daí?*
Ele respondeu:

Os homens invisíveis dormem de dia e acordam de noite.
A noite é o abismo da escuridão e a luz da paixão. Mas, dizem
os sábios, todo homem invisível morre e revive a mesma noite
— todas as noites...

Perguntei se ele entendia de geometria.

Ele acendeu um cigarro, volteou nebulosas na minha cara, e
me perguntou se eu
ainda
ficava procurando por ela todas as noites.

Entre abismos e paixões, um homem invisível voltava mais uma
vez para casa para
calcular axiomas,
criar retas improváveis,
imaginar ângulos
e procurar por aquele verso infinito
sobre uma garota que ele jamais encontraria.

GEOMETRIAS DE COSMOS

E agora eu era um louco a perguntar
O que é que a vida vai fazer de mim?
Chico Buarque, *João e Maria*

Qual geômetra que, com fé segura,
volta a medir o círculo, se não
lhe acha o princípio que ele em vão procura.
Dante, *A Divina Comédia*

GEOMETRIAS DE COSMOS

Nas geometrias de cosmos
não há harmonia dos astros
nem estrutura misteriosa
de ordenação das pequenas coisas

tudo é um compasso
de relâmpago
um estouro repente de luz
na brevidade
do escuro do profundo

a pele não tem sentido
de tempo
que não seja delicadeza

uma história não começa
no espaço
antes de ser saudade

toda a pintura é ainda
mais dor
pela tonalidade do indefinido

os instantes teimam
um infinito
no silêncio do quase

e estou apaixonado
por alguém
pelo talvez das possibilidades

Nunca olho para as estrelas de madrugada
tenho o firmamento dentro de mim

ainda assim

arriscar um poema que não
seja cálculo
que a forma
fosse subtraída
como em um assalto

de próposito

só impulso
de pensamento
um fluxo
de algo que surge
como o que é inexplicável

meio sem querer

todo desejo
de escrever poesia

sem tempo ou espaço
é cartada sem curinga
como um blefe

de caso pensado

em todo verso
existe a necessidade
de morte
das ideias que surgem
como do nada

oportunamente

apenas aquilo que é
espontâneo
se destaca se o caso for separar
de si toda forma de eu

como um bilhete de suicida.

E-MAIL

Clandestino num crepúsculo, sonhei carinho.
Aquele lance não precisa ser uma mais mágoa.
Queria mandar piscadela, ao meio da minha loucura de tigre.
Fiz merda no tempo, lógico.
Nesse agora, percebo o ontem.
Mas, pretendo colorir o sentimento.
Mandar um quê: de afago!
Saber do por aí...
O papo do se você vai bem...
– Aqui tudo ainda matemática...
Você bem me sabe.
O de sempre cálculo do entretanto.
Na madrugada, vagabundeando no escuro,
lembrei de você quando encontrei uma estrela perdida no bolso.
Senti um quero quero de dentro.
Que iluminou um te ver de novo – do jeito do assobio
distraído de peito.
Dançar uma vontade juntos.
E inventar planinhos improváveis: mirando galáxias.

⋆   ⋆ ⋆
⋆   ⋆
⋆   ⋆

Na sombra do escuro, peripatético,
aprendi que uma qualquer noite:
é uma noite.
Pode ser depois da décima oitava lua.
Ou antes daquele acorde.
Encantei um encontro na esquina do pressentimento
com alameda da possibilidade...
O horário: quando o ponteiro do crime
badalar sete razões para sonhar.
      (E se eu resolver ir de chapéu,
       você promete usar aquele vestido?)
Vou estar lá insano, indecente.
Um astro cadente no bolso, um presente
para você fazer um pedido que te dê insônia.
E terei na boca de promessa
todas as chances de cometa.
Estarei lá, pontualmente, para sempre.
Mesmo que você decida simplesmente –
não aparecer.

Beijo de beijo desencontrado nos olhos lindos,
do tipo que pode funcionar, num repente,
porque a gente não espera,
receber mais que um logo em cima do outro...

Beijo!

Eu.

EXPLICAÇÃO (GEOMÉTRICA)
DA TRAGÉDIA

E já tenho saudade das histórias
pode ser
que não aconteceram ainda

estou embriagado de tragédia.

Entre uma paixão que está longe
para frente
e o verso que escrevo nesse momento

estou alucinado de desejo.

Uma hipótese trágica não é nem o que
simplesmente aconteceu
tampouco aquilo que se previu por certo

estou insone de sonhos.

Sou homem-personagem do próprio futuro
suspiro agora
os instantes do que é destino ocasionalmente

estou fingido de quase.

Sinto que tudo que vejo operará meio
pelo acaso
do que inevitavelmente foi determinado por um triz

estou inverso de forma.

Embriagado do desejo alucinado de sonhar
acordado tudo
que por pouco eu fingi para um depois nesse poema

estou poeta de amanhã.

ASSEMBLAGE N. 0

"SEJA
    que

                o Abismo

branco
    estanco
        iroso

              sob uma inclinação
                                  plane
desesperadamente
        de asa"

"UM LANCE DE DADOS [...]

        Jamais [...]

        Abolirá [...]"

        "*o Amor* que move o Sol e as mais ESTRELAS"

                Mallarmé
                Dante

NUM PISCAR DE OLHOS

Para Allegra, minha filhota.

Minha filha disse que queria ser astronauta
para comer nuvens feitas de luz.

Eu empurrava o balanço com força,
orgulhoso demais daquela profissão surrealista.

Em nosso parque secreto,
ela já tinha visitado a lua.

Naquele ir e vir de voo,
trabalhava nas galáxias – passeando, uma cambalhota ou outra
entre os astros.

Planava linda de um sorriso e sem os pés no chão.
Rumava para o sol, olhar de desafio – futura cosmonauta de
mil possibilidades.

A cada subida de foguete, era a vida que explodia em mais
movimento.
E assoviava distraída qualquer felicidade – compôs a melodia
– de provocar o mundo.

Eu estava ali, perplexo, era pai – de toda alegria.
Eu não estava ali, perdido, no dentro do triste da própria beleza.

Não podia evitar aquela lágrima escondida no canto, à esquerda do olho.
E gritava no silêncio do cosmos: que ela sonhasse sempre o impossível.

Minha filha voava mais alto por imaginação.
Dizia que era criança: você não me pega!

          –Você não me pega!
Ela era rápida demais mesmo, e um relógio me assombrava.

        ★

Tempos atrás, no ponteiro da saudade,
roubei uma estrela do fundo do mistério.

E fiz uma luz imensa
nascer dentro de mim.

E num balanço de tanque de areia,
orbitava o astro que ordenava a movimentação de meu mundo.

Pensei em astrolábios, ampulhetas,
clepsidras e lunetas.

Mas resolvi, naquele dia de praça,
dar de presente para minha filha uma bússola.

Igual, igualzinha a minha.
Aquela guardada no bolso de espantos.

Duas bússolas que não apontam para o norte.
Duas bússolas que não nos localizam no espaço.

Instrumentos metafísicos:
um ponteiro que aponta para ela, outro, aponta para mim.

Expliquei aquele funcionamento abstrato
enquanto ela guardava sua bússola entre um batonzinho
e um pião.

Eu queria inventar, roubando do tempo e do espaço, uma metáfora
que não existia ainda.

*

Pois, minha filhota (pequena num sempre),
quando chega à noite – eu tenho uma estrela feita de lágrimas
nos olhos.

Nas ocasiões em que sou aquela piscadela; estamos juntos no mesmo crime de viver.
E prometo: em todo caso, mesmo aqueles, estarei por perto, no dentro, consulte a bússola.

Um instrumento desses – guarde no lado esquerdo do peito – um encantamento.
Para alterar as rotações, translações, as convenções.

Às vezes, sou invisível – o homem que se esconde na sombra da própria escuridão.
Mas, roubei do universo, quando você nasceu, uma luz que reflete nos meus olhos.

De tempo em quando, miro minha bussola guardada junto aos segredos: penso em você.
Criei um método no labirinto de sonhos, na encruzilhada de meus abismos – eu lembro.

Não duvide, nunca.
E não precisa me seguir.

Tentei ensinar os trajetos, todo saber, até a geometria, por um mesmo caminho.
Pelo sentimento.

Pois foi nesse lugar que inventei um brilho eterno num piscar de olhos.
Para que visite sempre o nosso parquinho secreto.

Filha, olhe para bússola – se estiver perdida – e verá a piscadela do papai.
Na escuridão dessas noites, uma estrela que é uma certeza.

No olho no olho, o brilho da verdade, no vacilo de uma pálpebra, o nosso amor.
Nos percursos, do que ainda virá, estarei sempre ali no infinito para toda lágrima.

A MÚSICA DO COSMOS

E talvez seja verdade
que exista
o imponderável
na arquitetura
do cosmos.

Um instante titubeio.

Quando o significado
meramente sugere.

Uma geometria do que poderia ser.
Como se a matemática sonhasse com sentimentos.

É como explicar com algoritmos a minha história:

I
Caminho em frente
porque

sou
saudade.

II
Dou voltas em círculos
porque
sou
amor.

O caso daquele homem com rosas nos dentes.
Dorme com pétalas.
Mas os espinhos
surgem no amanhecer.

Às vezes me pergunto sobre o futuro.
Se algo realmente pode existir
depois dos estampidos finais
das óperas de Wagner.

Mesmo
quando a música parece acabar
ainda
deve existir algum acorde secreto,
silencioso,
mínimo,
invisível,
avesso à própria harmonia.

Senão, minha história
apenas rima com a maldade;
e a função da geometria
será apenas mais uma dor.

Eu acredito na possibilidade hipotética
de um acorde perfeito
que Wagner guardou para depois.

Mas enquanto a música volteia
ainda sem final.

Sou poeta das noites insanas e
danço o cosmos
no infinito da grandeza
dos sentimentos mais loucos.

E amo cada pétala
de momento
esqueço os espinhos
pelo talvez
que existe no dentro de toda flor.

POEMÁTICA

a doutrina da seca
whisky.

        A flor de pedra
        pedra.

                A tela concreta
                negra.

À margem
        não vou.

        Aos modernos
não estou.

        Um romântico
           pelo quase.

A cor da letra.
O som do signo.

O cheiro da palavra.
O movimento do sintagma.

        É disso que se trata.

           Não automatizo.

           Não esquematizo.

           Não negocio.

        Procuro matemática nas estrelas à noite.

Não sei de cor
    nem música
      talvez perfume
o relógio e a régua da estrofe.

Salteado.

        E, também não faço
          tudo quase sem
            (num) querer.

        Procuro o culpado nas estrelas à noite.

UM RASTRO NO CÉU

Foi num vacilo do tempo
Em meio a dança: um movimento – menos
Mesmo a música, de engasgo, trocou um ritmo pancada silêncio

Foi num espasmo de cor
Em meio a pintura: um buraco – branco
Mesmo o filme, de cegueira, escorreu negativo uma fotografia

Foi num assombro de espaço
Em meio a peça: um personagem – invisível
Mesmo a ópera, de sussurro, preencheu pouco qualquer voz

E no instante fugidio daquela inércia de momento: eu percebi

Que era preciso inverter o tempo
Para fechar os olhos de dança
Tocando um instrumento ao contrário

Que era preciso inventar uma cor
Para pintar uma tela de branco
Fotografando uma tonalidade inexistente

Que era preciso subverter o espaço
Para atuar um improviso de personagem
Cantando uma dissonância de clandestino

Porque só na cadência do improvável, eu arriscaria um pedido
à estrela: você perceber

VIDA

A verdade reduzida à certeza.
Uma contradição só impossibilidade.
Dialética como dualismo.
O blefe salvo do engano.

A beleza reduzida à beleza.
É o amor à paixão.
O prazer, espasmo.
O momento de um instante.

A métrica reduzida à ordem.
Poesia vira letra.
Rima apenas som.
Um sentido clama significado.

    Uma
    vida
    reduzida
    à
    coisa.

Por uma verdade:
contraditória,
dialética,
blefe.

Um amor:
impossibilidade,
momento,
poesia.

Rima:
instante,
espasmo,
paixão.

Vida menos coisa
mera chance
qualquer ordem
quase charme
mania de repetição

ANTES DO SOL – LUA DE AINDA

O INSTANTE

paixão de ocasião – madrugada de sutileza
história do ontem – namoro dos dedos
eternidade num talvez – eu era sentimento
algo que sonha – o encontro febril
na inércia simulada – uma certa demora
em cada gesto – rastro na pele
tremor da entrega – brevidade um ritmo
descompasso das mãos – titubeio de toques
delonga do espaço – um muito desejo
balbucio de traço. – era o momento.

A CHANCE

a aposta fugidia – como um feitiço
para ser infinito – completude de dois
havia aquela chance – de falsear promessa
fingir uma pausa – olho no olho
simular uma jura – amor de blefe

perdão por trair – antes da mentira
lágrimas do ciúme – promessas de adoração
mágica dos truques – amantes sem querer
ironias de impostor – para ser sincero
é preciso mentir – para si mesmo
um crime perfeito – matar nosso destino
na extensão prolongada – repletos de noite
antes do Sol – Lua de ainda
alguém disse silêncio. – mas ninguém respondeu.

A MEMÓRIA

algo verdadeiro restou – nessa vida oca
persiste a lembrança – do não dizer
dos beijos sorrisos – no tudo escuro
da permissão indevida – completa de outrora
o sussurro incompreensível – cócega de ouvido
ensaiava já saudade – do futuro possível
mas perdido instante – vacilo de repente
lábios que quase – bocas de quando
línguas de quem – palavras que não
frases de ontem. – poemas de nunca.

NA FESTA

Algo lembrava um aniversário
mas sabia que estava velho
de idade mais que proibida
para mudar o sentido do mundo

Dançava o ritmo dos solitários
incompetente das duplas
os volteios dos corpos de embalo
perdia uma sensualidade de gotas
do suor, cada cadência quase lágrima

Teve um tempo em que eu bebia o século

Um pensamento

Ontem não era apenas um jovem de hipóteses
a vida era trágica e estava tudo bem
nesse amanhã que demorava sempre mil anos
andava com a prontidão do sem-destino

Voltando do longínquo num repente
só,
numa pista, uma música desconhecida

cem rostos de possibilidades, estava cansado
do trabalho que eu nunca soube que teria

De repente, invento uma timidez
seria bom se ninguém me notasse
no compasso de um assim por dentro
sorria como se confiasse na própria boca
mentia

Amigos presentes em meio ao devaneio
apostam lástimas pelo exagero do sempre
como se não tivesse jeito mesmo
o exagero de sempre
estão corretos os argumentos de que não
tenho mais idade

Amanhã, uma dor de cabeça me assalta
ainda hoje
o tempo em que bebia o século
alívio porque ainda não é dia
de comemoração da noite
em que eu nasci

e um grito silencioso
celebra
o desespero
do no entanto

RÉQUIEM PARA UM POETA VIVO[1]

para Tico.
Poeta, coveiro, suicida: homem.

Embora palavras
não passem
de nuvens
ainda que
formatos indeterminados
do imaginário
discordem tolos
teimam contornos
meramente sugestivos
fugidios da
primeira arquitetura
★

dos símbolos

---

1. Esse poema foi escrito como crítica cinematográfica ao filme *Ferroada* de direção de Adriana Barbosa e Bruno Mello Castanho.

também agulhas
podem ser
pois picam
alfinetam juízo
coçam por
dentro a
tragédia infinita
anunciado assassinato
no texto
difícil do
golpe arriscado
★

da escrita

talvez lápides
obras invisíveis
mas sempre
vermelhas como
vírgulas suicidas
do mergulho
do ferrão
certa loucura
mistura nariz
de palhaço
no veneno
★

de escorpião

pudera conceitos
dessem conta
enquanto letras
que enterram
a música
interna do
sentimento quando
silêncio um
grito pressentido
acorde final
ferroada poética
★

de marimbondo

naqueles signos
construções narrativas
onde veículos
fatais se
movem sempre
ou nunca
via contramão
o caso
daquele homem
argumento de
si mesmo

★

do não

nas imagens
sempre algo
de morte
estrutura a
nebulosa arte
do sonho
ressignifica mundo
num blefe
o último
da forma
dialética
★

de vagabundo

ESTILINGADAS DE COSMOS

Entre strokes – white stripes –, *alguém*
falava de Dante para ela.

Muitas razões para fugir
sempre dois motivos para ficar
você me olhou não sei por quê
mais uma vez eu vou sonhar
e nem sabia desse desejo
dar uma chance para querer voltar:
Mas, sou o homem do nome saudade.

[...] 7 maneiras de te perder

antes mesmo de te encontrar
o amor que move o sol e as mais estrelas
translações às avessas – era você dançando
talvez eu deva te sequestrar
aquela flor que você colocou
após um big-bang, e o mundo era violeta:
Um homem milhões de luas em uma cor.

[...]

entre os cabelos, luz escura de um agora
refletiu assim o instante
do geométrico brilho de um firmamento
mas você falou para me acalmar
os pés no chão
em uma fresta de luar:
O homem que bebe delicadeza.

[...]

e suspeito outra forma de amar
de carona no refrão: outra

                                        (estilingada)

por dentro da madrugada música
a flor foi luz na noite insana
os pés bailaram no além dos céus:
Um homem poema no primeiro olhar.

[...] e todos entenderão uma história de cosmos, se for geometria
  [...] e todos sentirão uma história de saudade, se for estrela
    [...] e todos calcularão uma história de cor, se for música
      [...] e todos beberão uma história de delicadeza, se for lágrima
        [...] e todos perderão uma história de olhar, se for amor
[...] E sou o homem de uma história de dor, se for métrica.
[...] E sou o homem de uma história de rima, se for sonho.

SHAKESPEARIANA

Agora eu era o rei
Era o bedel e era também juiz
CHICO BUARQUE, *João e Maria*

O que há em um nome?
SHAKESPEARE, *Romeu e Julieta* – II.ii.43

CLEÓPATRA

Jogos de amor como prática
estratégias da sedução
adultério é cálculo
brigas de ocasião
libertinagem, desejo
sexo-negociação
preliminares de espetáculo
charme como vontade
palco da luxúria, em cena
nos impulsos de rameira
aquela que é – liberdade
estrela do nascente e o que queira
amores expressos, novos perfumes
das razões sem-sentido, naquelas joias
o beijo no tapa é tática do ciúmes
dos mil homens: sempre sozinha
prostituta de três vezes, no vestido de glórias
uma mulher, mulher, inconteste rainha
cigana de truques, bruxa de feitiço
atriz de si mesma, protagonista da vida

corpo, carne, pele: reinos e províncias do mero capricho

IAGO/OTELO

> *[...] Todos devem parecer*
> *O que são, ou então não parecê-lo.*
> IAGO DE SHAKESPEARE

O cinismo que arquiteta
A virtude que desaba

A maldade que produz
A inocência que destrói

O silêncio que sugere
O ruído que duvida

A inveja que contamina
O ciúme que irrompe

O sorriso que calcula
A tristeza que resulta

A palavra que insinua
O gesto que concretiza

O amigo que envenena
O amigo que acredita

A boca que engana
O ouvido que aceita

O sujeito que impregna
A coisa que transborda

A falsidade que garante
A honra que suspeita

O animal que aliena
O homem que compra

A pausa que forja
O movimento que cria

O blefe que tece
A certeza que desfia

A mente que alfineta
A loucura que estapeia

O discurso que maldiz
O balbucio que responde

A aparência que induz
O ser que titubeia

O impulso que raciocina
O rigor que enlouquece

A razão que acusa
A insensatez que condena

O branco que escurece
O negro que pinta

A mentira que verdade
O amor que ódio

UM BRINDE PARA FALSTAFF

Bêbado dos significados corrompidos
Xingador de infinito por espirituosidade
Mentiroso pela verdade dos acontecimentos
Gordo de orgulho de dançarino
Sarrista das ocasiões inoportunas
Barbudo das vaidades dos príncipes protocolares
Ladrão das galinhas da profissão
Velho do nascimento da raposa
Cínico da ética dos ratoneiros
Fingidor das injustiças dos sorrisos
Malandro por causas perdidas
Irônico crente na ingenuidade das prostitutas
Palhaço das mil formulações do autoengano
Desajeitado de paixões fulminantemente indecisas
Covarde em destreza de gatuno
Assassino duvidoso de bravos com sua espada de madeira
Vilão inconteste do blefe em jogos de taverna
Relativista do heroísmo que se finge de morto
Blasfemo das juras por sua própria vida
Viciado em todas as falsidades da matéria

Amém!

HAMLET

> *O resto é silêncio.*
> Shakespeare, *Hamlet*

O retrato escapa da tela
e ultrapassa a moldura determinada
— escultura avessa à própria massa

A fala foge ao impresso
um pensamento sugere outro
— livro que termina sem fim

O passo para fora do palco
descobre o fenômeno improvável
— peça dentro da mesma peça

A questão além da existência
o não-ser pondera sobre ser
— personagem que inventa seu autor

Um suspiro no limite da vida
nascimento do silêncio eterno
— nada significa a verdade do real

ROSALINA

Nos namoros dele
Eu fui a preferida

Substituída por ela
Eu era a prometida

Sem conhecer o amor
Eu fui a subtraída

Não tendo fala
Eu era a esquecida

Dos projetos da paixão
Eu fui a preterida

No roteiro da história
Eu era a perdida

Do amor que amou demais
Eu fui a desconhecida

SHYLOCK, O JUDEU

> *Não sendo roubo, todo lucro é benção.*
> SHAKESPEARE, *Shylock*

vivo em papéis de contas
notas de minha aflição
uma moeda a mais bem pode me fazer feliz
perder oportunidade é quase pior que perder poupança
prefiro os ganhos que os prejuízos
não há nada de errado nisso
a lógica está do meu lado

a ciência das finanças é a essência do mundo
a economia é uma forma de justiça
o bom lucro é a melhor das companhias
em trocos de barganhas, quero o que me pertence
não perdoo nenhuma de minhas cobranças
não há nada de errado nisso
o direito está do meu lado

uma libra a mais ainda é uma libra: isso é bom e correto
minha religião não se opõe, ainda bem
fico contente quando uma dívida me é favorável
tento não pensar nos homens que riem de mim

emprestar a juros pode ser uma forma de vingança
não há nada de errado nisso
os sentimentos humanos estão do meu lado

todo homem é feito de carne

POEMAS DE QUASE
EU ERA UM SÉCULO QUE PASSOU

Agora eu era o herói
CHICO BUARQUE, *João e Maria*

PORQUE É PRECISO DAR UM TEMPO – COM O REAL

      naquela ginga

                era real

                            certo instante
                era tudo

      menos drible

               era quase

                            pouco mais
                era muito

      quando tanto

                era sonho

                            numa busca
                era espanto

ainda assim

              era truque

                                de repente

              era sempre

aquele mas

              era nunca

O DELÍRIO DE RENATUS CARTESIUS

IMENSO

LOGRO,

EX-ISTO!

O SISTEMA DOS OBJETOS

Um pai bate em objetos inanimados.
Reclama desta inata rebeldia
com que se negam
a obedecer sua vontade.

Reconhece na independência das coisas
de si
uma profunda falta de respeito,
uma primeira subversão.

Então repreende fisicamente esses seres sem vida
para trazer de volta
a verdadeira ordem das coisas,

sem suspeitar motins,
quando estes se recusam
a sentir dor.

PALIMPTEXTO

Escrevo o inexato
para moldar
no texto
aquilo que era
inato

    Reescrevo o escrito
    para tornar
    outro
    aquilo que foi
    lido

        Sobrescrevo o verso
        para limar
        tudo
        aquilo que será
        abjeto

            Prescrevo o absurdo
            para forjar

de novo
aquilo que fora
mudo

        Descrevo o engano
        para fugir
        sempre
        àquilo que é
        insano

MORTE E VIDA... (POR UM TRIZ)

morreu	como	viveu
sempre	como	quase
viveu	como	morreu
quase	como	sempre
morreu	e	viveu
viveu	e	morreu
sempre	como	sempre

morreu   como   sempre

viveu   como   sempre

quase   como   quase

INOMINAVELMENTE

Para fugir,
é preciso um tanto de verdade.
      Tomar veneno de propósito.
Aceitar que não admite mais
o choque de realidade.
Sentir o sopro da morte
por dentro do peito,
e não se importar
com as impressões dos outros.
     Sem arrependimento.

Aquela história do geômetra atarefado,
cheio de chances nos dentes,
tagarela de sonhos de grandeza,
apaixonado por amores fortuitos,
idiota de uma aldeia perdida
numa metrópole nonsense,
criador de metáforas curvilíneas
      em estilingadas na calada da noite:

ele fala com flores na boca
– mas, não sabe fazer contas.

Está na hora de perceber.

A lenda das prostitutas,
a sacada dos mendigos,
o devaneio dos bêbados,
a ironia dos drogados,
os remédios para doenças de um século que já passou,
apontam para o nariz vermelho:
seria bom se fosse *clown*,
mas, o que resta é só um palhaço.

                              Perdido na própria fuga.
                              Alucinado de histórias perfeitas
em textos que não lhe pertencem.
De dentes que caem moles em pesadelos.
                              Tesões impróprios para versos.
A história do homem produtivo: um álibi.
                              Ele nunca fez nada.
E falando de uma desaparição,
pretende ser original às avessas.

Ele conhece o caminho correto: ele sabe.
Mesmo os desavisados adivinham o desfecho da história.
O único crime que é perfeito.

Mas, nessa fuga, ele não se move: fica de pé
em cima da própria cama.
Gritando contra os demais idiotas
de uma aldeia de um índio só.
Vociferando sem dentes,
no escuro, com um cigarro entre os dedos,
porém, só se escuta o silêncio.
     O sentimental berra para dentro,
     um tiro no profundo da noite,
     para incomodar o próprio pensamento.
E na penumbra do quarto,
a única coisa que arde de verdade,
vermelha das tragadas,
    é a brasa.
Mas, mesmo o cigarro
    dura apenas
    alguns minutos.

MARESIA

Valeu a pena?
FERNANDO PESSOA

        a droga é a droga é a droga é
                [★]
                [★]
                [★]
                [★]
                [★]
                [★]
                [★]
                [★]
                [★]
                [★]
        se a alma não é pequena

MAIS O MENOS

poema

às vezes

se mais

menos

mais com mais

não é mais

menos

com

menos

não é

mais

o

mesmo

(MAIS) OU (MENOS)

Poema

às vezes

    ★

    ★

    ★

não é mais

    ★

    ★

    ★

não é

(menos)

é   ★

mesmo

"POEMA DO COGITO"
(DOS CADERNOS DE NOTAS)

> *Nunca conheci quem tivesse levado porrada.*
> FERNANDO PESSOA/ÁLVARO DE CAMPOS

quantas vezes Torto
tantas vezes Outro
muitas vezes Mim

não sei
não vejo
não percebo

sempre contra todos
Sozinho.
eu mesmo perante mim

meio traído – os Outros
meio ridículo – os Outros
meio fingido – os Outros

Pretendo ter boas relações.
Finjo não copiar o escrito.
Tenho um outro dentro de mim.

nunca conheci quem levasse – mais porrada.
nunca conheci quem fosse – mais doente.
nunca conheci quem contasse – mais mentira.

infâmia
tristeza
covardia

No duelo com os campeões
Certos heróis
Invariavelmente, vencedores na vida da arte

aquele que perde –
aquele que mente –
Aquele.

eu sou completo, pedaço de mim.
eu sou cópia, dublê do mesmo.
Eu, inominavelmente.

AS MULHERES INVISÍVEIS

*Agora era fatal
Que o faz-de-conta terminasse assim.*
CHICO BUARQUE, *João e Maria*

*Mas realmente achávamos algum
prazer nessa brincadeira, pois
ainda estávamos muito próximos
dessa idade em que se julga dar
vida ao que se nomeia.*
PROUST, *Em Busca do Tempo Perdido*

... MESMO QUE LIGEIRAMENTE...

Eu poderia sentir de novo aqueles momentos em que não havia nenhum lugar para ir. Em que eu ainda não desconfiava das palavras, e tudo podia se limitar a um imenso mar de sentidos percebidos. Poderia respeitar o passado (e assim trazê-las de volta para mim!) e nunca mais ultrapassar os limites do sentimento.

E, por alguns instantes, reviver aquela cumplicidade indiferente com o mundo. Meu modo de levar ao limite cada história, cada fantasia. Meu jeito de querer cada mulher.

Mas nenhuma descrição pode traduzir a falta, nenhuma imagem é exata. Eu não posso mais recuperá-las por completo. Ficaram, assim, meio que perdidas na memória, escondidas na história pessoal de minha educação sentimental.

E tudo que posso fazer é recolher fragmentos, estilhaços, momentos, cacos, sonhos que digam um pouco como elas eram. Elas, as mulheres de minha vida.

Quem sabe eu pudesse reconstruir, também, mesmo que meio aos pedaços, parte de mim mesmo. Ao descrevê-las, encontrar alguma espécie de significado para essa minha vida. Pois é justamente na lembrança dessas mulheres invisíveis que traço a arquitetura de meus anos passados, que lembro um pouco do homem que fui e que já não existe mais.

Talvez a invisibilidade não seja realmente um atributo das coisas não visíveis. Pode ser apenas aqueles espaços entre os olhares em que nada foi ainda redimensionado e tudo que se possa sentir seja uma espécie de perda. Existe algo de triste por trás da memória de minhas mulheres invisíveis que sempre me leva a perguntar se tudo que aconteceu não poderia ter ocorrido de maneira diferente. Se eu tivesse dado uma chance, se eu tivesse me permitido. Se eu quisesse com mais força.

E aí o caso seria, agora, o de me esquecer de que havia algo para fazer. Pensar só para daqui a pouco e tentar sentir mais uma vez as novidades. Poderia lá dentro do indefinido das coisas, que é a própria indefinição do tempo, recordar aqueles momentos especiais que compõe uma memória sentimental. Eu poderia me lembrar dos beijos roubados, das flores nos cabelos, dos choros incontroláveis e, desta maneira, ao tentar reconstruir minhas mulheres, contar um pouco sobre quem eu era e quais eram os meus sonhos impossíveis.

E assim, meio que sonhando acordado, eu poderia sentir as coisas, para além desta inércia universal em que me encontro, como se passado e presente fossem momentos do mesmo movimento. E se tudo não voltasse a ser como antes, o que é impossível, ao menos poderia voltar a ser, através de minha imaginação, momentaneamente, de novo. Como se ao contar, a minha maneira, como eram certas mulheres, eu pudesse reviver, mesmo que ligeiramente, cada um dos meus amores.

O NOME DAS MULHERES

Dar nome às mulheres é assunto complicado,
        Não é apenas um jogo que divirta adolescentes;
Podem pensar, à primeira vista, que sou doido desvairado
Quando eu digo, uma mulher deve ter TRÊS NOMES DIFERENTES.
Primeiro, temos o nome que a família usa diariamente,
        Como Paula, Augusta, Aline ou Maria,
Como Victoria ou Joaquina, Júlia ou Ana Clemente –
        Todos nomes sensíveis para o dia a dia.
Há nomes mais requintados se pensam que podem soar melhor,
        Alguns para as filhas, e outros para a tia:
Como Allegra, Yasmin, Lys, Eleonor –
        Mas todos eles são sensíveis nomes de todo dia.
Mas eu digo, uma mulher precisa ter um nome especial,
        Um nome que lhe é peculiar, e que muito a diferencia,
De outro modo, como poderia manter a pose de mulher fatal,
        Ou se espreguiçar na cama, se despir em calmaria?
Dos nomes deste tipo, posso oferecer apenas algumas espécies,
        Como Trisha, Milevidônia ou Claravilher,
Como Bambailarina, ou mesmo Abernécies –
        Nomes que nunca pertencem a mais de uma mulher.

Mas, acima e para além, ainda existe um nome que falta,
    E este é o nome que ninguém jamais cogitaria;
O nome que nenhum homem sequer nota –
    Mas A MULHER E SOMENTE ELA SABE e nunca, nunca o pronuncia.
Se uma mulher for surpreendida com um olhar de meditação,
    A razão, eu lhe digo, é sempre a mesma que a consome:
Sua mente está engajada em uma rápida contemplação
    De lembrar, de lembrar, de lembrar qual é o seu verdadeiro nome:
        Seu inefável afável
        Inefavefável
Oculto, inescrutável e singular Nome.

ENTRE RENDAS DE POSSIBILIDADES

Preto, vermelho
No detalhe
Algo dança
Mais corpo
Quase fúria
Sexo explosão
Em fendas
De rasgos
A carne secreta
Entre olhar
A mirada:
O deslocamento.

Doce, intenso
Na passagem
A essência
Oscila entre
Impossíveis manchas
Mais-que-rosas
Do escuro feitiço
Cheiro decote
Fugidio da arte
De andar sem
Olhar para trás:
Um desaparecimento.

Brilhante, pedra
No delicado
Do pescoço
Escorre entre
Ocasiões do rubro
E vastidão da noite
É estrela solitária
Entre as rendas
Que escondem
O mistério
Da composição de:
Todo firmamento.

Ossos, sedas
Na saliência
Acima do braço
Insinuam
As possibilidades
Onde bordado
É menos pano
Todo pele
Quase apenas
Mera sugestão
Um balanço próprio:
Do movimento.

Negros, revoltos
No sobretom
Caracóis combinam
Com o tecido
Cabelos de malícia
Formulam hipóteses
Para uma desobediência:
Na dança do vestido,
No fugidio do perfume,
Na luz da joia,
Na nudez dos ombros:
Ondula meu pressentimento.

A GAROTA DOS ESPAÇOS INFINITOS

E tinha aquela história daquela garota performática,
                         assintótica,
                         cósmica,
                         ubíqua,
                                   tóxica mesmo.

[MEL] [EU] [CAROL]

[Porque] [nunca] [existiu]

[uma história verdadeira]

[de amor]

[sem terceira pessoa.]

AQUELA MULHER

> *But I'm always true to you, darlin',*
> *in my fashion...*
> PORTER, *por Ella*

Não sabia, talvez sabia.

Procurava encontrar
a exata medida
da frase.

Olhava no dentro dos olhos.

Mentia, semínima.

KARINA

Completamente neurastênica. Insuportável olhar. Significados perdidos. Quase sinestésica. Muito impulsiva. Tanto vulgar. Menos inteligente. Talvez esquecida. Às vezes castanho. Quem sabe rugas. Abrupta fala. Um dia raiva. Toda fugaz. Porque vermelho. De vez em quando brinquedo. Possível fraude. Mania mania. Lugar avenida. Sempre obstante. Pudera café. Entre os dentes. Macia carne. Secura baba um até. Medida trinta e sete e meio. Nada mais. Veloz ceticismo. Ainda que banho. Manhã de cigarro. Sentimento de tudo. Paranoia de vez. Verso quarteto. Sintoma o azar. Como que estrias. Dinheiro da sobra. Troco de banhas. Tritura papel. Mesmo carbono. Assim um não dia. Mais que querendo. Beija espelhos. Antigamente depois. Bonecas sem pernas. Dessas ainda. Memória a criança. Surpreende o padrasto. Cantando para dentro. Escondida enfim. Pega pega. Alcança lonjura. Grita caminho. Aquele doce é de alguém. Ciumenta da vida. De outra que corre. Às vezes de volta. Simétrica hora. Subdivide espaços. Estilhaça o mesmo. Partícula cada. Outra reluz. Possivelmente que quase. Ela reflete. Si mesma coisa. Se talvez. E ela se quebra. Vai se quebrando. Ligeiramente sempre é fractal.

"LUDMILLA"

a fake is a fake is a fake

but

what should I do
if she asks:

"Do you fake the fake too?"

"Pode ser que esse não seja, de verdade, o meu nome..." — Ludmilla me avisou —, depois que passei algumas horas conversando com ela naquele boteco sujo da rua Augusta.

AMANDA

Arquitetava complôs,
        tramoias,
          conluios.

E falando por evasivas

sugeria realidades,
        mentiras,
          verdades.

O charme

forjava sorrisos,
        beijos,
          sussurros.

E traçando seu caminho,

de intriga em intriga,
   insídia em insídia,

        caiu

na sua própria armadilha

A GAROTA INVISÍVEL

Andava meio incógnita
No meio da festa

O vestido branco
Um quase nada
Entre amigas de risadas

Dançava livre
Dos sonhos
De minhas paixões

Mas, algo nos cachos do cabelo
Impediam
Qualquer aproximação

Ela estava lá.

Mas só
eu
a via

LETÍCIA[1]

– Eu te amo, mas não gosto de você.
– Queria fugir para bem longe de você e, se possível, fazer isso junto com você.
– Quantas vezes vou ter que dizer: eu discordo sempre, obedecendo.
– Não dá para você ser o veneno e o antídoto da minha vida.
– Quem você pensa que é para me dizer, assim, de repente, que me ama?
– Se chover, eu juro que não volto nunca mais para casa.
– Tudo que eu queria era que você voltasse a ser o que você é. Entende?
– Eu quero o divórcio. A não ser que você não concorde.
– Acho que te traí uma ou duas vezes.
– Eu sou sempre fiel, meu amor, mas à minha maneira.
– Fico admirada em saber que um velho ainda escreva poemas de amor juvenil. Mas, de qualquer modo, você nunca escreve para mim, mesmo.

---

1. Para T. B. Mendonça, meu irmão mais sensível, de quem, certa vez, emprestei uma frase para sempre.

— Você tinha que sair desfocado justo na nossa melhor foto?
— Eu tenho boas ideias, o que me atrapalha são os maus pensamentos.
— Talvez, três.

BILHETE
(JUNTO DA FITA CASSETE)

As músicas podem até te agradar
Tentei contar toda uma história por meio desse pequeno dispositivo
Tem seus momentos, acredito, mas fiz do meu jeito
Um pouco noturno, mas sempre apaixonado
Tem matemática, biblioteca, arqueologia e mulheres
Algumas viagens, claro, dá para tocar no carro
E muita saudade
É uma forma do dizer
Em coletâneas dessa espécie
Com ritmos às vezes incompreensíveis
Sabe, talvez, no fundo, eu queira mais saudade
Uma coisa não sai da minha cabeça
Fico me perguntando
Será que você está preparada para músicas
Que ainda não foram sequer inventadas?
Bem, temos um encontro marcado
Foi há tanto tempo que penso que foi até antes de te conhecer
Lembra do endereço?
Por favor, não se esqueça: é importante para mim

Você sabe qual é o nosso tempo
O nosso espaço secreto
É o lado de lá daquela flor

RENATA

Ser capaz de desistir de toda uma vida,
por uma única noite.

Toda a noite,
por um único beijo.

Todos os beijos,
por um breve sorriso.

Todos os sorrisos,
pelo primeiro olhar.

É preciso estar disposto a sacrificar tudo
pela paixão.

Uma única paixão na vida
justifica
toda a existência.

SOBRE OS NOMES DE BORBOLETAS MORTAS

Em cada
letra
um começo.

Em cada
vogal
um final.

Em cada
nome
uma dor.

Qualquer
nome onde
é nome quando.

Então, no princípio:
era o lugar,
era o tempo.

Era o nome.

Os nomes daquelas mulheres
projetam-me nos espaços,
deslocam-me pelos momentos.

Eu volto a um passado incerto.

Onde minha vida era ainda.
Meu tempo era talvez.
Meu nome era quase.

Eu gostaria de saber
um pouco mais sobre
quem elas eram:

as mulheres de minha vida.

Quais eram seus sonhos.
Quem sabe, assim, os meus sonhos.
Aqueles sonhos, aqueles sonhos...

Nomes que fogem aos fatos:
certos relatos,
certos retratos.

Nomes em telas sem molduras:

mais que figuras,
mais que pinturas,

Onde
mancho, borro, rabisco, rascunho,
estes meus esboços de mulheres
invisíveis, ubíquas, eternas e sem fim.

Como
se, de repente, voassem
mil Borboletas mortas
dentro de mim.

SOBRE O AUTOR

RODRIGO SUZUKI CINTRA é filósofo e escritor. Formado em Direito e Filosofia pela Universidade de São Paulo, escola em que realizou seu mestrado e doutorado. Pós-doutor pela Universidade de Coimbra, Portugal, leciona no ensino superior em São Paulo. *Geometrias de Cosmos* é o primeiro volume de uma série intitulada *Trilogia da Invisibilidade*.

Título	Geometrias de Cosmos
Autor	Rodrigo Suzuki Cintra
Editor	Plinio Martins Filho
Produção editorial	Aline Sato
Capa	Ateliê Editorial
Editoração eletrônica	Camyle Cosentino
Formato	14 x 21 cm
Tipologia	Bembo
Papel	Chambril Avena 80 g/m² (miolo)
Número de páginas	148
Impressão do miolo	Forma Certa
Impressão da capa	Nova Impress
Acabamento	Kadoshi